Lnc 27 10033

ÉLOGE

DE

M. SOUBEIRAN

PRONONCÉ

A LA SÉANCE DE RENTRÉE DE L'ÉCOLE DE PHARMACIE

LE 16 NOVEMBRE 1859

Par M. E. ROBIQUET,

AGRÉGÉ DE PHYSIQUE.

PARIS

TYPOGRAPHIE DE RENOU ET MAULDE,

RUE DE RIVOLI, N° 144.

—

1859

ÉLOGE

M. SOUBEIRAN

PRONONCÉ

A LA SÉANCE DE RENTRÉE DE L'ÉCOLE DE PHARMACIE

le 16 novembre 1859

Par M. E. ROBIQUET,

AGRÉGÉ DE PHYSIQUE.

MESSIEURS,

Il y a bientôt vingt ans, un nombreux cortége de professeurs et d'élèves accompagnait à sa dernière demeure l'homme de bien, le savant illustre qui restera toujours aux yeux de la postérité une des gloires les plus pures de notre École. Pendant la cérémonie religieuse, où, par un triste privilége, j'occupais le premier rang, la mémoire de celui que la mort avait si soudainement frappé fut honorée par d'éloquents discours où les phrases pompeusement trompeuses des éloges funèbres ordinaires étaient remplacées par les témoignages d'une sincère affliction. J'avais dix-sept ans, et à cet âge, où tout est espérance et où tout me manquait à la fois, il m'était bien permis de faiblir un instant et de maîtriser à grand'peine la douleur qui m'accablait. Lorsque le silence se fut fait sur la tombe de mon père, il me sembla qu'un tourbillon passait devant mes yeux, et déjà je me sentais chanceler, lorsque j'entendis murmurer à mes oreilles ces paroles, que je n'oublierai jamais : « Enfant, du courage ! Souvenez-vous de ce que vous venez de voir, de ce que vous venez d'entendre. » Et c'est parce que je me suis souvenu, c'est parce que je

1859

me souviens encore, qu'aujourd'hui je viens, à mon tour, rendre hommage à la mémoire de l'homme de cœur qui le premier m'a tendu la main.

EUGÈNE SOUBEIRAN est né à Paris le 24 mai 1793. Sa famille, originaire des Cévennes, était jadis riche et puissante ; mais elle professait le culte protestant, et la révocation de l'édit de Nantes, cet acte de démence politique arraché à la faiblesse sénile du grand roi, la dispersa sans retour. Lorsque les fureurs du prosélytisme ultra-catholique furent apaisées, et que le gouvernement de la France comprit enfin que son premier devoir était de protéger la liberté de conscience, les familles protestantes retournèrent en foule dans leurs foyers. L'aïeul de M. Soubeiran fut du nombre, mais il ne voulut pas revoir la province témoin de l'ancienne splendeur de sa maison, et il alla se fixer à Montpellier. Il mourut jeune, laissant une fortune plus que suffisante pour subvenir à l'éducation et assurer l'indépendance de ses trois filles et de son fils. Sa veuve, devenue de bonne heure chef de la famille, se montra à la hauteur de sa tâche : c'était une femme d'un grand sens, qui savait allier à une rare fermeté d'esprit cette patiente douceur qui, avec les enfants, triomphe de toutes les résistances. Son fils n'était animé que du désir de la payer de retour, et rien n'égalait sa joie quand il venait lui apporter la nouvelle d'un succès dans ses études. Lorsque le moment fut venu pour lui de choisir une carrière, il voulut embrasser la médecine. Sa vive intelligence, son amour du travail et cette légitime ambition de dominer la foule qui est le propre des esprits d'élite, étaient autant de gages d'un brillant avenir; mais la famille, dont les intérêts étaient engagés dans le négoce des laines, en décida autrement, et il fut destiné à la carrière commerciale. Ce fut une résolution funeste. On était aux plus mauvais jours de la Révolution : la fortune publique déclinait rapidement, et la Convention nationale, les pieds dans le sang, la tête dans les tempêtes, en présence d'un peuple affamé, de ses armées à peine vêtues, se vit dans la terrible nécessité de décréter la loi du maximum. Ce fut, pour M. Soubeiran père comme pour tant d'autres, une ruine complète, et qui lui fut d'autant plus sensible qu'il voyait avec effroi qu'il ne pourrait sans doute jamais assurer l'avenir d'aucun de ses enfants.

Lorsque le premier Consul eut rendu à la France le calme et la prospérité, M. Soubeiran, dont la fortune avait pu s'abattre, mais non le courage, se remit à l'œuvre. Un de ses amis lui fit successivement obtenir une place de receveur des finances, puis une charge d'agent de change. L'inventaire de chaque année accusait une augmentation sensible dans les bénéfices. M. Soubeiran avait des goûts modestes, et bien des fois il désira réaliser sa fortune; mais il se résignait à continuer les affaires dans l'intérêt de l'avenir de ses six enfants, dont le plus jeune, Eugène Soubeiran, venait d'atteindre sa dixième année. Vers le milieu de l'année 1803, plusieurs clients de mauvaise foi, qui avaient joué avec une témérité inouïe sur les fonds publics, lui laissèrent la responsabilité d'achats de rentes faits par leurs ordres dans de déplorables conditions. L'honnête homme n'hésita pas : tout le monde fut payé; mais ce coup fut fatal, et il fallut vendre à tout prix une charge qu'il n'était plus possible de gérer avec honneur.

Eugène Soubeiran fut retiré du lycée au moment où il venait de terminer sa quatrième, et la famille, par raison d'économie, alla se fixer dans une modeste maison de campagne qu'on avait pu sauver du naufrage.

Quelques années plus tard, M. Soubeiran père chercha une fois encore à relever sa fortune dans l'industrie. Le système du blanchiment par la méthode de Berthollet était alors en pleine faveur : l'ancien agent de change, séduit comme bien d'autres par les idées nouvelles, fonda une blanchisserie au chlore et y joignit une fabrique de molleton. Eugène devint son contre-maître ; il apprit à peigner et à filer les tissus, à préparer le chlore et à l'appliquer au blanchiment des étoffes. Jeunes gens qui m'écoutez, souvenez-vous que notre maître à tous n'a pas rougi de porter la blouse de l'ouvrier, et sachez qu'il se rappelait toujours avec orgueil cette phase pénible de son existence pendant laquelle il secondait de son mieux et par les plus rudes labeurs un père luttant courageusement contre l'adversité.

Heureusement pour son avenir scientifique, la blanchisserie et la filature ne donnaient pas des résultats financiers très-satisfaisants. Le jeune contre-maître et son père faisaient un métier qu'ils ne connaissaient pas, et pour lequel les notions théoriques nécessaires au succès de l'entreprise leur manquaient complétement : il fallut bientôt tout abandonner.

On était en 1813, à ce moment critique du premier Empire où la France s'apprêtait à étonner l'Europe par son ingratitude envers l'homme de génie qui l'avait tirée de l'abîme creusé sous ses pas par la haine implacable de l'Angleterre; les appels répétés de la conscription moissonnaient chaque année sans pitié la jeunesse française, et le cri des mères commençait à dominer le bruit du canon, le fracas des armes. Chaque famille s'ingéniait de son mieux à préserver les siens de l'inévitable tribut. M. Soubeiran décida que son fils Eugène ferait son apprentissage en pharmacie, pour être plus tard commissionné comme pharmacien militaire.

Dès lors commença pour lui une nouvelle phase d'existence, et nous allons bientôt le voir s'élancer en avant, sans dévier un instant de la direction qui convenait à ses goûts et à la nature de son esprit.

Peut-être trouverez-vous, Messieurs, que j'ai trop longuement insisté sur ses premières années, et que j'aurais pu ne pas donner, au sujet de sa famille, des détails complétement étrangers à notre profession; mais il m'a semblé que son caractère sage et peu communicatif ne pourrait être sainement apprécié qu'en connaissant le milieu dans lequel il s'était développé, la nature des obstacles qu'il avait eus à vaincre. Et, en effet, c'était une rude leçon infligée à un enfant de douze ans que le spectacle de son père entouré des plus illustres amitiés, honoré de tous et comblé des dons de la fortune, puis tout à coup presque complétement ruiné, voyant les amis de la veille changés en indifférents du lendemain et se retirant, pour cacher sa détresse, dans une humble habitation où ne vint le retrouver aucun de ceux qui étaient jadis les plus empressés à lui prodiguer ces fades témoignages de l'amitié banale du monde, ces offres continuelles de services dont on sait qu'on n'a pas besoin. Il en résulta pour cette jeune âme un froissement ineffaçable et comme un refoulement intérieur de tous les élans si naturels à l'enfance. Eugène Soubeiran devint timide et sauvage. Persuadé d'ailleurs, par l'exemple qu'il avait sous les yeux, que le courage, l'intelligence et la probité ne remplacent pas les avantages de la richesse, il conçut contre la société une insurmontable défiance que l'avenir devait affaiblir, mais non complétement effacer. Petit fut le nombre des amis auxquels il se livra tout entier, et c'était chez lui comme un parti pris d'être aussi attentif à cacher les qualités de son cœur que d'autres mettent de soins et d'ostentation à se parer des vertus dont la pratique réelle leur paraît parfaitement inutile à leur avancement.

En 1813, il était donc décidé que le jeune Soubeiran embrasserait la profession de pharmacien militaire. Son père le conduisit dans une officine du faubourg Montmartre, au titulaire de laquelle il le proposa comme apprenti. Notre brave confrère prenait ses élèves au mètre : il trouva le nouveau venu trop délicat de santé pour manier le pilon, et surtout d'une trop petite taille pour pouvoir atteindre, monté sur l'unique tabouret de la pharmacie, au dernier rang de ses bocaux. C'était un début peu encourageant, et la famille méditait sans doute d'autres combinaisons d'avenir, lorsqu'une circonstance particulière vint mettre un terme à ses perplexités. M. Pouzin, professeur de botanique à l'Ecole de pharmacie de Montpellier, venait dé conduire à Paris son fils unique, reçu à l'École polytechnique. Une sincère amitié l'unissait à M. Soubeiran père, qui lui parla de ses anciens projets. Les deux amis furent bientôt d'accord : M. Pouzin emmena avec lui Eugène, et laissa à M. Soubeiran le soin d'être correspondant de son fils.

Voilà donc le jeune Soubeiran quittant pour la première fois le toit paternel et confié à des mains étrangères. Il allait retrouver à Montpellier celui de ses frères qui étudiait la médecine et ce qui lui restait de la famille de son père. Ces parents étaient riches et bien posés : ils accueillirent avec une politesse glaciale cet enfant qu'ils auraient dû entourer de soins et d'affection. Déjà mûri par le malheur, il vit bien qu'on le jugeait, comme le pharmacien de Paris, sur son extérieur chétif, et il fut toujours, dans ses rapports avec eux, parfaitement convenable, mais extrêmement réservé ; et si, dans aucune circonstance, il n'eut à essuyer de leur part l'amertume d'un refus, c'est qu'il ne leur demanda jamais rien.

Dans la maison de M. Pouzin, ce fut tout autre chose. Le bon professeur était une de ces natures franches et ouvertes qui se donnent d'un coup et pour toujours ; il traita avec douceur et bienveillance le fils de son ami, et se plut à lui laisser une entière liberté d'action, parce qu'il savait qu'il était incapable d'en abuser. Le patron de Paris qui l'avait refusé net avait une officine. M. Pouzin, qui l'acceptait, n'en avait pas ; mais il jouissait d'un certain intérêt dans la maison de son père et du droit d'y faire entrer un apprenti lui payant pension. Son frère, docteur en médecine, avait les mêmes priviléges : de sorte qu'en outre des trois élèves du véritable titulaire de la pharmacie, il y avait encore deux apprentis qu'on ne prenait pas beaucoup au sérieux, étant en quelque sorte de supplément, car la pharmacie Pouzin, primée à juste titre par celle de son plus redoutable concurrent, M. Figuier, n'avait pas assez de travail pour occuper un personnel aussi nombreux. De plus, le premier élève, fort de la confiance de son patron et très-fier du vernis scientifique qu'il avait acquis, croyait se donner plus d'importance en se cachant de ses inférieurs pour exécuter les diverses préparations, et en évitant, sans doute pour cause, de leur donner la plus petite explication théorique. Les deux apprentis, que l'amour de la science ne dévorait pas encore et qu'on laissait à peu près complétement abandonnés à eux-mêmes, en profitaient pour suivre quelques cours au hasard, pendant les jours de pluie, et pour aller, quand le temps était favorable, se promener dans la campagne et y méditer tout à leur aise sur les rigueurs de l'apprentissage et les caprices des patrons.

Quant au professeur Pouzin, il n'avait guère conservé de sa science passée qu'un amour immodéré pour les collections botaniques. Trois fois par semaine, il emmenait avec lui son apprenti, et tous deux, un énorme carton sous le bras, parcouraient les champs et les bois, les rochers et la plage, cherchant sans cesse des plantes inconnues. Les autres jours, l'intrépide collectionneur partait seul à la recherche de nouvelles richesses. « *Indefessus Pouzin* », a dit quelque part de lui M. de Candolle; et, en effet, chaque soleil levant voyait ce Juif errant de la botanique recommencer ses éternelles pérégrinations. Eugène Soubeiran était chargé de dessécher et d'étiqueter les plantes récoltées. Quant à les classer méthodiquement et à en distinguer les caractères organographiques, le maître et l'élève ne s'en inquiétaient pas plus l'un que l'autre.

Un pareil régime était bien fait pour fortifier le tempérament délicat du jeune apprenti; mais son éducation scientifique n'avançait guère. Nous avons vu qu'au sortir de la quatrième il avait été retiré du lycée. Son père avait bien eu l'intention de lui faire continuer le latin sous ses yeux; mais, sans cesse préoccupé de l'idée fixe de refaire sa fortune, il n'avait jamais eu le loisir de mettre ses projets à exécution. Le dévouement de Mme Soubeiran mère avait suppléé aux malheurs du temps. C'était une femme vraiment supérieure, et elle en donna la preuve en complétant elle-même sa propre éducation pour pouvoir achever celle de son fils. L'histoire, la géographie, les premiers éléments des mathématiques et une étude approfondie des grands classiques français, furent les objets de leurs travaux régulièrement suivis. A Montpellier, Eugène sentit bientôt le vide de son existence, et passé le premier moment de satisfaction accordée aux charmes d'une liberté complète, le souvenir des études maternelles lui revint à l'esprit. Comme l'exilé se rappelle sans cesse la patrie absente, il se souvenait avec émotion de ces longues heures s'écoulant si vite, et cependant si bien remplies, pendant lesquelles sa mère et lui trouvaient dans leurs communes études un délassement aux pénibles préoccupations du foyer domestique. Or, le hasard voulut que près de la pharmacie où il faisait son apprentissage demeurât le bibliothécaire de la ville, M. Rigault, beau-frère de l'un de ses oncles. C'était un homme instruit et spirituel, aimant la jeunesse studieuse et toujours prêt à la seconder. Il accueillit avec bonté son parent, mit sa bibliothèque à sa disposition et le guida continuellement dans le choix de ses lectures. Celui-ci en profita pour achever son éducation littéraire, et conserva toute sa vie un religieux souvenir pour le bibliothécaire de Montpellier. Sa pensée se reportait aussi avec délices à cet heureux temps de sa jeunesse où, loin des plaintes de son père, sans nul souci de l'avenir et ne demandant rien à personne, il jouissait d'une liberté pleine et entière, errant à l'aventure sous ce beau ciel du Midi, savourant à pleine coupe les charmes de la nature, et ne se lassant jamais de méditer loin des hommes, dont son ombrageuse timidité lui faisait fuir la société. Plus tard, il devait éprouver des joies bien vives, remporter d'enivrants succès; mais lui aussi devait voir que la vie la plus heureuse est sans cesse un combat.

Au commencement de l'année 1815, le professeur Pouzin prit possession de la pharmacie de son père, et, dès ce moment, Eugène Soubeiran devint un stagiaire sérieux. Son temps se partageait entre les soins à donner à l'officine, dont il devint bientôt le premier élève, et l'étude opiniâtre du *Traité de pharmacie* de M. Virey. Les promenades solitaires et les rêveries stériles furent abandonnées sans retour. Sans doute, il eût terminé son stage à Montpellier, si un accident n'était venu interrompre ses études pratiques. C'était au mois de juin 1815 : l'Empereur venait de voir s'écrouler, à la bataille de Waterloo, sa prodigieuse fortune, digne des temps héroïques. La funèbre nouvelle, propagée avec la rapidité de l'éclair jusqu'à Montpellier, y excita une révolte antinationale; mais le général Gilly, qui commandait la place, dispersa l'émeute sous le feu de la mitraille. Eugène Soubeiran, entraîné par la curiosité, alla voir de trop près ce qui se passait : une balle perdue lui cassa le bras en deux·endroits, et vint lui apprendre d'une façon un peu brutale qu'il eût mieux fait de rester à sa pharmacie. L'excellent Pouzin fut rempli de douleur, car la blessure était grave, et le premier chirurgien qui la pansa parlait déjà d'une amputation immédiate; mais alors l'illustre Delpech régnait à Montpellier dans toute sa gloire médicale. Il vit le blessé et promit de lui conserver le bras. En effet, après deux mois de soins assidus, la double fracture fut réparée.

Eugène commençait à peine sa convalescence lorsque son père le rappela à Paris. Il eût bien voulu rester à Montpellier, où il se sentait retenu par les liens de la reconnaissance et de l'affection ; mais il n'hésita pas à se rendre aux désirs de son père, car, en ce temps-là, les fils obéissaient sans murmure à l'autorité des chefs de famille.

Le jeune Soubeiran revint donc à Paris au mois d'avril 1816, et fut installé en qualité de second élève dans une pharmacie de la rue Saint-Honoré. Son nouveau patron ne fut pour lui ni indulgent ni sévère, mais, ce qui est bien pis, complétement indifférent, usant envers lui de la plus redoutable des forces : celle de l'inertie. C'était un bien dur changement pour un jeune homme sensible avant tout aux bons procédés, et qui devait comparer avec amertume sa nouvelle existence avec celle qu'il menait sous le toit du bon Pouzin. Fort heureusement pour lui, six mois après son entrée dans cette officine, le titulaire la céda à M. Moutillard, ancien pharmacien militaire. Aussitôt les rôles changèrent. M. Moutillard était un homme franc, loyal et expansif : il devina bientôt la valeur et la bonté de cœur d'Eugène Soubeiran, sut vaincre sa timidité et provoquer ses confidences. Habitué à la liberté des camps, il se pliait mal aux exigences d'une profession sédentaire, et peu à peu, à mesure que sa confiance en son élève augmentait, il lui abandonna la gestion de son officine. Il n'eut pas à s'en repentir, car, dès la première année, les recettes furent presque doublées. Cette espèce d'association dura, sans arrière-pensée de part et d'autre, jusqu'au printemps dè l'année 1818 : celui-ci payant de sa bourse et de son nom, celui-là de son intelligence et de son activité.

A cette époque, Eugène Soubeiran apprit qu'il existait chaque année un concours pour l'internat en pharmacie dans les hôpitaux; que les élèves y étaient logés, nourris et payés. Sachant que son père ne pourrait subvenir à ses dépenses pendant les années de cours,

et encore moins lui acheter une officine lorsque le moment serait
venu d'exercer sa profession, il prit aussitôt envers lui-même la résolution d'être reçu le premier au prochain concours, et fit loyale-
ment part de ses projets à M. Moutillard. L'excellent homme vit
bien que son élève allait lui échapper ; mais, avec une loyauté toute
militaire, il l'approuva complétement. Ce fut alors, entre ces deux
natures si bien faites pour se comprendre, une lutte continuelle de
délicatesse : l'un ne se permettant d'étudier que quand les intérêts
de la pharmacie n'avaient pas à en souffrir, l'autre réformant peu à
peu ses habitudes de liberté et donnant tout son temps aux soins
intérieurs de sa maison. Malgré cette bonne volonté réciproque, il
n'était pas possible au futur candidat de travailler plus d'une heure
ou deux par jour ; mais il possédait déjà l'art de saisir les questions
dans leur sens vrai et de laisser de côté tous les détails inutiles. Avec
cette sûreté de jugement qui le distingua plus tard dans ses écrits, il
étudiait peu, mais il étudiait bien : sans cesse la plume à la main,
tantôt il copiait les passages qu'il fallait apprendre par cœur, tantôt
il les résumait en quelques mots, n'abandonnant un sujet que quand
il l'avait nettement analysé et irrévocablement fixé dans sa mémoire. Combien cette méthode lente, mais sûre, diffère de celle que
suivent ces travailleurs étourdis entassant sans cesse dans leur esprit
des faits qu'ils saisissent à peine, et se faisant illusion à eux-mêmes
par le nombre des noms nouveaux qu'ils balbutient sans les comprendre. Puis, le moment du concours arrivé et les questions posées,
ils essaient en vain de se reconnaître dans le labyrinthe qu'ils ont
construit de leurs propres mains. Pendant qu'ils cherchent leur route
et perdent un temps précieux, ceux qui ont étudié sagement expo-
sent avec clarté leur sujet et atteignent le premier rang. C'est ce qui
arriva à M. Soubeiran au concours d'avril 1849. Le jury fut étonné
de voir cet élève inconnu, d'un extérieur modeste, sans recomman-
dation aucune, l'emporter sur ses concurrents à toutes les épreuves
et traiter les questions désignées par le sort avec une netteté d'expression et une sûreté de jugement qu'on n'était habitué à rencon-
trer que dans un professeur exercé. A cette époque, on dressait une
liste, par ordre de mérite, des élèves ayant satisfait aux épreuves du
concours, et, à mesure qu'il y avait des vacances, on appelait les élus,
un par un, dans les hôpitaux, en suivant l'ordre irrévocable adopté
par le jury. Le second par le nombre des points était un élève qui

avait concouru déjà deux fois et qui, l'année précédente, aurait été
admis dans un service si une seule vacance de plus avait été dé-
clarée. Le jury pensa que le jeune Soubeiran, si nouveau venu, serait encore fort content d'être le second, et il lui sembla juste de ne
plus faire attendre celui qui attendait déjà depuis si longtemps. On
donna donc une sorte de prix de constance à ce vétéran des concours, et M. Soubeiran ne fut que le second. Peu lui importait d'ail=
leurs, car ses camarades eux-mêmes lui donnaient le premier rang.
Les juges avaient accompli une de ces petites capitulations de con
science si fréquentes dans les concours, oubliant que l'avenir de la
jeunesse studieuse est un bien sacré auquel il est défendu de
toucher.

Eugène Soubeiran n'attendit pas longtemps son tour, et il entra
dans les hôpitaux le 27 décembre 1819. Il y resta trois ans, puis il
passa une année comme élève-chimiste à la Pharmacie centrale.
Dès lors, sa carrière est publique et connue de tous : chaque année
amène un nouveau résultat, un nouveau succès. De 1820 à 1823, il
remporte successivement toutes les premières médailles aux concours
de l'École de pharmacie. A cette époque, on n'avait pas encore cen-
tralisé en un seul tous les concours, et chacune des sciences pharmaceutiques avait ses récompenses particulières. Rien n'empêchait
d'ailleurs les Chevallier, les Chatin, les Aubergier, les Astaix, d'obtenir successivement tous les premiers prix.

Au concours de juin 1823, M. Soubeiran fut nommé pharmacien
en chef de la Pitié; en octobre 1825, membre adjoint de l'Académie
de médecine, et, le 1er mars 1832, directeur de la Pharmacie centrale des hôpitaux. En 1827, il avait épousé la fille de M. Bosc, professeur au Muséum et membre de l'Institut. — Dès lors, sûr d'un
appui et confiant dans son propre mérite, il peut se livrer en toute
sécurité d'esprit à ses travaux de prédilection, laissant au temps le
soin de lui amener de nouveaux succès; et c'est ainsi que par la force
des choses il est successivement nommé professeur-adjoint, puis professeur titulaire de physique à l'École de pharmacie (19 octobre 1834),
membre titulaire de l'Académie de médecine (20 janvier 1835), che-
valier de la Légion d'honneur, secrétaire général de la Société de
pharmacie (juillet 1840), et enfin membre du conseil de salubrité
(1er novembre 1852) et professeur titulaire de pharmacie à la Faculté
de médecine (10 décembre 1853). — C'est ainsi encore qu'il remporte

en 1829 la médaille d'or de la Société des sciences de Harlem pour son grand mémoire sur les applications thérapeutiques de la botanique; en 1833, la médaille du choléra; en 1847, avec M. Bouchardat, un prix de 500 fr. pour leur mémoire sur le dégorgement des sangsues, mémoire qui procura à l'administration des hôpitaux une économie de plus de 40,000 fr. par an; en 1849, le prix Gossier, que lui décerna la Société centrale d'agriculture de la Seine-Inférieure pour ses travaux sur la nature chimique de l'humus et ses applications à l'agriculture.

C'est à partir de 1832 qu'il publia les travaux qui ont assuré sa réputation. Directeur de la Pharmacie centrale et délivré du souci de l'avenir, il pouvait en effet profiter des précieuses ressources d'un laboratoire modèle. Devant un autre auditoire que celui-ci, il est permis d'énumérer ces nombreux mémoires scientifiques où la netteté des résultats et la nouveauté des aperçus le disputent à l'importance des applications; mais c'est peine superflue dans une enceinte où il semble qu'à chaque instant sa voix va retentir encore. Qu'il me suffise de vous rappeler les titres de ses principaux travaux sur les chlorures de mercure, l'hydrogène arsénié, les tartrates simples et composés, la méthode de déplacement, les sulfures d'azote et, par-dessus tout, sa découverte du chloroforme, qui fut un véritable bienfait pour l'humanité.

A la même époque, et presqu'à la même heure, M. Liebig découvrait, par une voie différente, le même composé. Cependant, il faut bien le dire, tous deux s'étaient mépris sur la véritable nature chimique du chloroforme, et il était réservé à M. Dumas de relever leur commune erreur et de donner au nouveau corps un nom exprimant son origine.

C'est pour l'histoire des sciences un exemple instructif que cette lutte entre deux esprits si différents, l'un poétique et aventureux, l'autre sage et réservé, lutte que devait terminer l'arrêt irrévocable prononcé par celui-là seul qui avait assez d'autorité pour faire taire toute polémique.

Il ne faut pas oublier non plus les recherches que M. Soubeiran entreprit sur les camphènes et dont il partagea la gloire avec M. Capitaine, ni ses mémoires sur les diverses variétés de sucre, mémoires à l'un desquels le vénérable doyen du Collège de France, M. Biot, ne dédaigna pas de coopérer.

Les recherches auxquelles M. Soubeiran se livrait de préférence
étaient celles qui avaient une conséquence pratique, et je fatigue-
rais votre attention en faisant le dénombrement des travaux qu'il a
publiés sur la plupart des préparations pharmaceutiques. — Grâce à
lui, la fabrication industrielle du calomel, dont le monopole était
entre les mains des Anglais, est devenue toute française, et la pré-
paration en grand de l'éther, du kermès et du fer réduit par l'hydrogène, n'est plus qu'un jeu. La nature même de ces recherches l'ame-
nèrent à composer son *Traité de pharmacie,* ce bréviaire de l'étudiant
comme du pharmacien exerçant. Cinq éditions successives, publiées
tant en France qu'à l'étranger, sont venues attester les services
rendus à notre profession par cet ouvrage modèle. Les annales de la
librairie n'ont eu à enregistrer un pareil succès que pour les livres
désormais classiques de nos maîtres aimés et respectés, M. Le Canu,
M. Guibourt.

Ce qui distinguait par-dessus tout M. Soubeiran, soit dans ses
cours, soit dans ses écrits, c'était une grande clarté d'exposition. Qui
de nous ne se rappelle comme vibrant encore à ses oreilles cette
parole élégante et précise qui avait rendu ses cours si populaires? A
sa voix, les difficultés semblaient s'aplanir d'elles-mêmes, tant elles
étaient vaincues ou éludées avec art. Le mot propre, l'expression
heureuse, semblaient naître naturellement sur ses lèvres. C'est surtout dans son cours de physique, professé pendant plus de vingt ans
à notre École, qu'il sut le mieux se mettre à la portée de ses audi-
teurs et comprendre leurs besoins.

Pour moi, je me rappellerai toujours comme une des époques les
plus heureuses de ma vie celle où je remplissais auprès de lui ces
difficiles fonctions de préparateur, qui amènent si promptement
entre le maître et l'élève une intimité de tous les instants. Avec
quelle indulgence il savait redresser mes erreurs, et combien je lui
dois pour tous les conseils qu'il ne cessait de me prodiguer! Sans que
j'eusse besoin de prononcer une parole, il savait deviner à mes traits
les moments de défaillance, me relever d'un mot et me ramener dans
le chemin du devoir et du travail.

Cette rectitude de jugement que nous admirions tous en lui, il
l'apportait tout aussi bien dans ses leçons que dans ses discussions
scientifiques avec ses collègues. Le souvenir des séances de la Société
de pharmacie, où il parlait si souvent en qualité de secrétaire géné-

ral, est encore présent à tous les esprits. Que de fois, dans les questions délicates à juger, il tranchait en quelques mots la difficulté, et
nous ramenait tous à son avis avec cette limpidité de parole dont il
semble avoir transmis le secret à son digne successeur, notre secrétaire général actuel, M. Buignet! Aussi, quand il se fut volontairement
démis de ses fonctions, toutes les voix se portèrent sur celui qui pouvait le mieux, sinon nous le faire oublier, du moins s'en rapprocher
le plus; et on vit se produire un de ces votes d'unanimité qui hono-
rent autant celui qui en est l'objet que la compagnie qui l'a émis.

Et non-seulement il s'exprimait avec élégance, mais il savait surtout modeler son enseignement sur la nature de son auditoire. Le
cours de physique qu'il professa pendant quelque temps pour les ou-
vriers était tout autre que celui qui était destiné aux élèves de cette
École, quoique les sujets des leçons fussent absolument identiques.
C'est ainsi encore qu'il parlait un tout autre langage comme profes·
seur de pharmacie à l'École de médecine que celui qu'il avait tenu
jadis en la même qualité à la Pharmacie centrale. Aussi son enseignement à la Faculté fut une véritable révolution : on vit accourir
en foule à ses leçons et les jeunes médecins qui comprenaient un
quart d'heure trop tard ce qui leur manquait pour la pratique de
leur art, et les étudiants qui le devinaient un quart d'heure plus tôt.

On s'étonna qu'un cours aussi fondamental eût été si longtemps
suspendu dans une Faculté jalouse du droit que la loi lui accorde
d'envoyer des délégués à nos examens, et qui crée des médecins
pouvant, à l'occasion, non-seulement ordonner les médicaments, mais
encore les préparer. Aussi M. Soubeiran donna-t-il tous ses soins à
un cours où il sentait qu'il pourrait être si utile, et dont il voulait
faire entre les pharmaciens et les médecins l'instrument d'une union
si désirable pour les progrès de la thérapeutique. A un âge où il
avait bien mérité le repos, il n'hésita pas à prendre le grade de
docteur en médecine, et le bien qu'il se sentait la force d'accomplir
fut le seul motif qui le décida à quitter une école où il avait toujours
trouvé auprès de ses collègues et de ses élèves sympathie et obéis-
sance. Les études pharmaceutiques pures avaient toujours été l'objet
de ses prédilections : en faisant le cours de la Faculté, il se retrouvait
dans son élément naturel, et il y apporta cette ardeur juvénile avec
laquelle, vingt-cinq ans auparavant, il se livrait au même enseignement à la Pharmacie centrale.

Tout semblait lui sourire, et cependant ses intimes savaient bien deviner dans ses traits les signes d'un insurmontable chagrin. Ce fut à cette époque qu'il renonça à remplir les fonctions de secrétaire perpétuel de la Société de pharmacie. « Je sens que l'âge arrive », disait-il dans la lettre par laquelle il annonçait son irrévocable résolution, et qui était bien le reflet des pénibles préoccupations de son esprit.

La santé depuis longtemps languissante de Mme Soubeiran le préoccupait sans cesse, et, quand la mort vint la frapper, ce fut pour lui une perte irréparable : car la noble femme avait été pendant toute sa vie l'âme de la famille. Voyant et aimant peu le monde, d'une douce et indulgente piété, d'un dévouement sans bornes et de tout instant pour ses enfants, elle était bien la digne compagne d'un homme tel que lui. Tout à coup, on s'en souvient, la funèbre nouvelle vint nous surprendre au moment où nous nous apprêtions à le féliciter dans un banquet de son heureuse nomination à l'Ecole de médecine; et tous de se séparer en silence, car il n'y avait rien à dire, il n'y avait rien à faire en présence de l'arrêt du destin.

A partir de ce coup fatal, sa santé déclina rapidement. Il voulut se raidir contre la douleur qui le minait sourdement; il put quelquefois la dissimuler; la maîtriser, jamais. En vain il essaya de reprendre ses travaux, en vain les premiers succès de son fils, professeur agrégé à un âge où on est encore sur les bancs, et le bonheur d'avoir pu fixer le sort de sa fille bien-aimée, vinrent faire quelque temps diversion à son mal : il se sentait frappé à son tour, et le moment était venu pour lui de jeter son anneau à la mer.

Je me rappellerai toujours l'avoir vu, dans les derniers jours de septembre, se promenant à pas lents dans la vallée de Montmorency, où si souvent il allait avec son fils reprendre ses anciennes études de botanique. Croyant être seul, il ne faisait aucun effort pour dissimuler, par sa contenance, les préoccupations qui l'accablaient, et ses traits affaissés portaient déjà l'empreinte de la mort. Comme le malade de Millevoye, il regardait tristement tomber à ses pieds les feuilles secouées par le vent d'automne; et lui aussi semblait se dire

« Que ce serait pour la dernière fois ».

Croyant que la promenade l'avait fatigué, il s'assit quelque temps; mais il se releva bientôt et reprit sa route. A quoi bon, en effet, chercher le repos? il n'était plus à l'âge où quelques instants d'inaction suffisaient pour réparer ses forces.

En effet, sa santé déclinait rapidement. Quelques intervalles de mieux se succédèrent, mais il ne se fit aucune illusion et s'apprêta à mourir. Avec un calme digne de son caractère, il mit en ordre ses affaires et rappela sa fille auprès de lui.

Tout le monde a lu cette touchante relation du procès de lord Russell, sous Charles II, écrite par l'auteur de l'*Histoire de la civilisation en France*. Les débats s'ouvrirent, le 13 juillet 1683, devant la Cour d'assises de Londres. Lord Russell, s'adressant au président, dit :

« Puis-je avoir quelqu'un qui écrive pour aider ma mémoire?

« — Oui, milord, un de vos serviteurs.

« — Ma femme est là, prête à le faire. »

Lady Russell se leva pour exprimer son assentiment, et tout l'auditoire frémit d'attendrissement et de respect. Le président lui ayant permis de s'asseoir aux côtés de son mari, elle resta pendant tout le procès, qui devait se terminer par un arrêt de mort, son seul secrétaire et son plus vigilant conseiller.

M. Soubeiran ne pouvait, comme lord Russell, appeler auprès de lui la compagne de sa vie; mais il avait sa fille, et une fille digne de lui. Quand le moment fut venu, il lui dicta ses dernières volontés. Je ne sache pas qu'il y ait rien au monde de plus chrétien que le spectacle d'un père pouvant, avant de mourir, regarder en face ses enfants, avec la conscience d'avoir accompli son devoir pendant toute une vie de travail noblement remplie. Honorons aussi cette fille courageuse qui, surmontant sa poignante douleur et en dissimulant jusqu'à l'apparence, se consacrait sans réserve à comprendre les pensées du mourant, et à adoucir ses derniers moments avec ce raffinement de tendresse que peut seule inventer la piété filiale.

Les derniers jours d'octobre se passèrent dans une cruelle anxiété; puis les forces du malade s'éteignirent, et, le 17 novembre, il expira.

Bien différent de ces parasites de la civilisation qui traînent toute leur vie leur oisive opulence, M. Soubeiran pensait que tout citoyen doit payer sa dette envers son pays en laissant après lui la trace de ses œuvres. Sa vive intelligence et sa singulière facilité d'élocution l'ont aidé puissamment à accomplir la tâche qu'il s'était imposée.

Ses livres, ses mémoires, sont des modèles de savoir et de précision, et on peut le considérer, à bon droit, comme le législateur des sciences pharmaceuti ues. Il était doué au suprême degré de cet esprit critique qui est un des caractères les plus saillants de notre époque, et il possédait cette incorruptible honnêteté qui contient l'insolence des parvenus et commande le respect des honnêtes gens. Il ne se fit pas d'ennemis, parce qu'il ne se trouva jamais sur le chemin de personne. Son cœur vibrait à l'unisson de son esprit, et personne, dans sa famille ou parmi ses amis, ne peut dire qu'il soit venu en vain lui demander aide et protection. Ces qualités de l'âme et de l'intelligence sont le propre des esprits d'élite, et expliquent l'ascendant qu'ils exercent sur leurs contemporains, ascendant qui se continue, après leur mort, par le souvenir de leurs préceptes et par leurs écrits.

Et ne nous séparons pas, Messieurs, sans adresser nos sincères remercîments au ministre libéral qui préside aux destinées de l'instruction publique, et qui a choisi, pour désigner le fils d'adoption de M. Soubeiran comme son successeur à la Faculté de médecine, le jour même où l'École de pharmacie, berceau de ses premiers succès, devait lui faire ses derniers adieux.

6687   PARIS. — Typographie de RENOU et MAULDE, rue de Rivoli, 144.

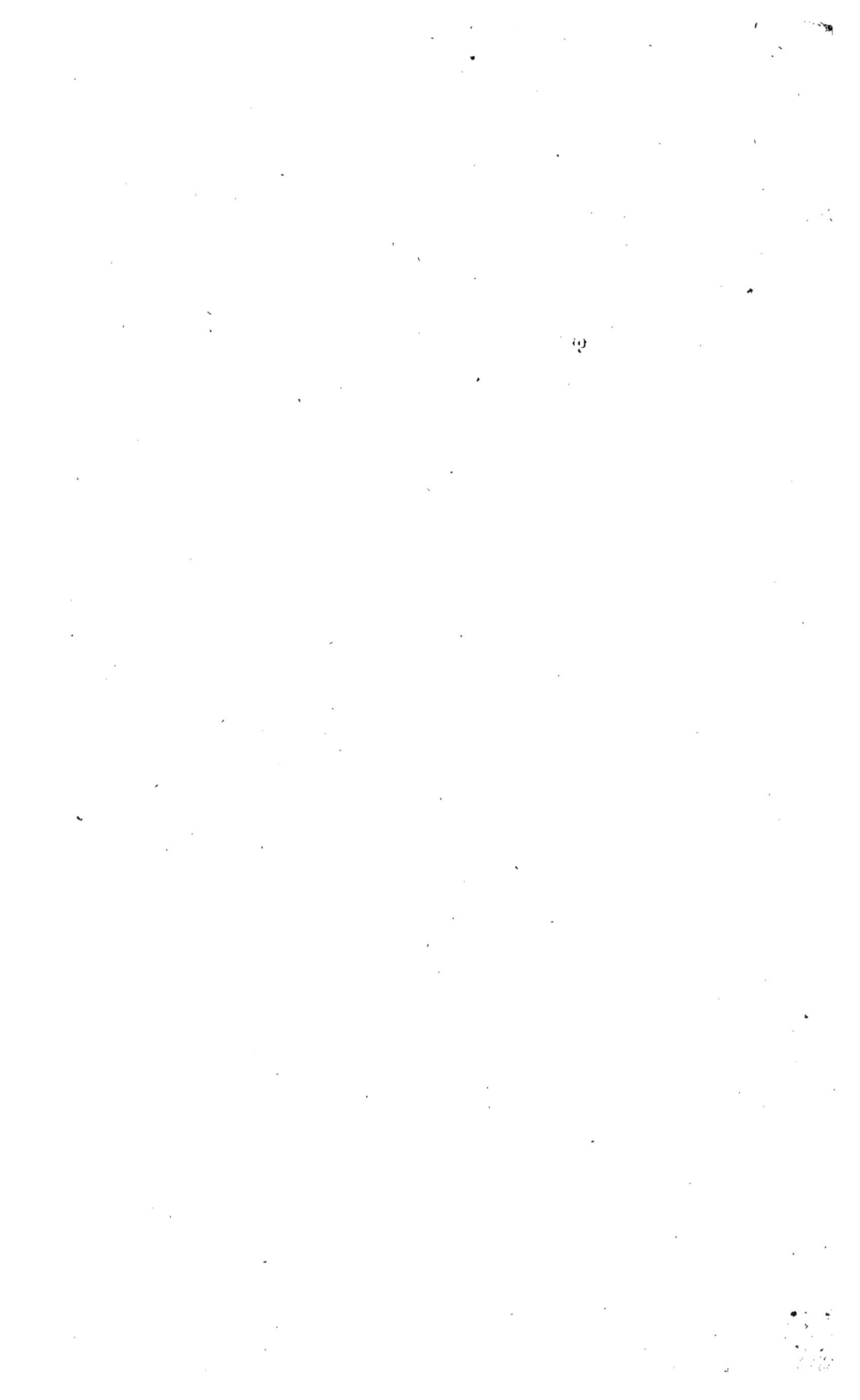